토익 기본기 완성   Week **20**

Contents		Page	Date	Check
Day 01	[Part 4] 라디오 방송	02	월 일	☐
Day 02	[Part 7] 문맥 파악 ①	06	월 일	☐
Day 03	[Part 4] 광고	10	월 일	☐
Day 04	[Part 7] 문맥 파악 ②	14	월 일	☐
Day 05	Weekly Test	18	월 일	☐

Part 4

라디오 방송

QR코드 하나를
가리고 찍으면 편해요!

▲ MP3 바로듣기   ▲ 강의 바로보기

라디오 방송도 Part 4에 자주 나오는 담화 중 하나입니다. 주로 초대 손님 소개, 일기 예보, 교통 방송, 지역 뉴스 등의 내용이 나오며, 방송에서 잘 쓰이는 특수한 표현들이 있기 때문에 이 표현들을 미리 익혀 두면 유리합니다.

■ 라디오 방송 흐름

안녕하세요, '서울 딜라이트'를 **청취해 주셔서 감사합니다**. 저는 **준 킴이며**, 오전 교통 소식으로 프로그램을 시작하겠습니다. ┄┄ ❶ 방송 주제

오늘 오전에는, 34번 고속도로에 정체를 예상하셔야 합니다. 차량 충돌 사고로 그 지역 교통 흐름이 느려지고 있습니다. 따라서, **30번 고속도로를 대신 이용하실 것을 권해 드립니다.** ┄┄ ❷ 구체적인 정보

짧은 광고 방송 후에 다시 돌아오겠습니다. ┄┄ ❸ 다음 순서 안내

■ 라디오 방송 빈출 표현

• Thanks for tuning in to + 프로그램명	~을 청취해 주셔서 감사합니다
• I'm your host, 사람 이름	저는 진행자인 OOO입니다
• Today, we're happy to have + 사람 이름	오늘, OOO 씨를 모시게 되어 기쁩니다
• We're expecting a rainy day.	비가 올 것으로 예상합니다.
• Stay tuned for more details on ~	~에 대한 더 상세한 소식을 듣기 위해 계속 청취해 주세요
• Drivers are advised to do ~	운전자들은 ~하시기 바랍니다
• Coming up next is ~	다음 순서로 ~가 이어지겠습니다
• I'll be back after a commercial break.	광고 방송 후에 다시 돌아오겠습니다.

1 Who most likely is the speaker?

(A) A radio host

(B) A tour guide

> Good morning, **thanks for tuning in to** 'Seoul Delight'.
> This is Jun Kim and I'll begin the show with the morning traffic report.

2 What does the speaker recommend the listeners do?

(A) Use public transportation

(B) Take a different road

> This morning, you should expect a delay on Highway 34.
> A car crash is slowing the traffic in the area. So, **I recommend taking Highway 30 instead**.

3 What will the listeners hear next?

(A) Advertisements

(B) A weather report

> I'll be back after a short **commercial break**.

정답 및 해설 p. 23

오늘 배운 내용을 바탕으로 연습문제를 풀어 보세요.

1　What is the radio broadcast mainly about?

(A) Maintenance work
(B) Local weather
(C) A food festival
(D) Traffic conditions

2　What does the speaker recommend the listeners do?

(A) Avoid the downtown area
(B) Purchase event tickets
(C) Take an umbrella
(D) Use public transportation

3　What will the listeners hear next?

(A) Some advertisements
(B) A music performance
(C) A traffic update
(D) A sports report

4　What is the main topic of the broadcast?

(A) Modern lifestyles
(B) Conflicts at work
(C) Market research
(D) Recent movies

5　Who is Brian Gray?

(A) A famous cook
(B) A business owner
(C) A movie director
(D) A radio show host

6　What will the listeners hear next?

(A) A movie soundtrack
(B) An advertisement
(C) A weather forecast
(D) A traffic report

Today's VOCA

01 fact ★★

빽(트) [fækt]

몡 사실, ~라는 점

the **fact** that
~라는 사실

02 cause ★

커-(즈) [kɔːz]

동 ~을 야기하다 몡 이유, 원인

cause production delays
생산 지연을 야기하다

03 set ★

셋 [set]

동 놓다, 설정하다 몡 세트

set future revenue goals
향후 수입 목표를 설정하다

04 move ★

무웁 [muːv]

몡 이사, 이전, 움직임 동 이사하다, 움직이다

the cost of your **move** to Paris
귀하가 파리로 이사하는 비용

05 role ★

뤄울 [roul]

몡 역할, 임무, 배역

assume different **roles**
다른 역할을 맡다

06 difference ★

디�뤈스 [dífərəns]

몡 차이, 변화

there was no **difference** between the two
둘 사이에 차이점이 없었다

파 **different** 혱 다른

07 goal ★

고울 [goul]

몡 목표

achieve a **goal**
목표를 달성하다

08 error ★

에뤄ㄹ [érər]

몡 오류, 실수

contain a minor **error**
사소한 오류를 포함하다

📖 동의어 찾기

동의어 찾기 유형은 지문에 제시된 특정 단어와 같은 의미로 사용된 단어를 고르는 유형입니다. 주의할 점은, 선택지에 제시된 단어의 동의어가 두 개 이상 존재하기 때문에 제시된 단어가 포함된 문장을 읽지 않고 단어의 동의어를 고른다면 오답일 가능성이 높습니다. 반드시 해당 문장을 해석하고 문맥 내에서 사용된 의미에 맞는 단어를 선택해야 합니다.

■ 동의어 찾기 문제 질문 유형

> In the article, the word "direct" in paragraph 1, line 2, is closest in meaning to
> 기사에서 첫째 단락 둘째 줄의 단어 "direct"와 의미가 가장 가까운 것은?

💡 동의어 찾기 유형 풀이 시 유의할 점

자신이 알고 있는 의미의 단어를 바로 고르지 말고, 문맥 파악을 통해 문장 내에서의 의미를 먼저 확인해야 합니다. 주로 동의어 찾기 유형에서 출제되는 단어는 여러 의미 또는 여러 품사를 지니기 때문에 유의해야 합니다.

📝 Example 동의어 찾기 예제

We have recently received several complaints about our new consulting service. **These complaints should be addressed immediately.**
최근 우리의 새로운 상담 서비스에 대한 몇 가지 불만을 접수했습니다. 이 불만들은 즉시 처리되어야 합니다.

Q. In the memo, the word "addressed" in paragraph 1, line 3, is closest in meaning to
메모에서 첫째 단락 셋째 줄의 단어 "addressed"와 의미가 가장 가까운 것은?

(A) sent 보내져야
(B) spoken 연설되어야
(C) resolved 처리되어야
(D) called 호칭돼야

⚡ 초스피드 문제풀이 따라하기

❶ **질문 유형 파악하기**
질문을 보니 동의어 찾기 유형이에요.

❷ **지문에서 제시된 단어 찾기**
지문에서 addressed를 찾고, 단어가 포함된 문장을 해석합니다.
해석 이 불만들은 즉시 처리되어야 함

❸ **정답 고르기**
'처리되다'의 의미를 가진 (C) resolved 가 정답이에요.

■ 동의어 찾기 문제 최빈출 단어

아래 단어들은 여러 의미를 가질 뿐 아니라 대부분 두 개 이상의 품사를 가지고 있어 가장 많이 출제되는 단어들입니다. 특히 최근에는 완전히 동일한 의미의 단어는 아니지만 문맥적으로 바꾸어 쓸 수 있는 단어도 정답으로 출제되고 있으니 아래 단어들을 잘 외워두는 것이 좋습니다.

condition	명 조건 = term 명 상황 = circumstance 명 상태 = state
cover	동 포함하다 = include 동 취재하다 = report on 동 주제로 다루다 = discuss 동 다루다 = deal with
reflect	동 알려주다 = indicate 동 보여주다 = show 동 반영하다 = match
secure	형 확실한 = confident 동 입수하다 = obtain 동 묶다 = fasten
direct	동 안내하다 = guide 동 수행하다 = conduct 형 직접적인 = first-hand
tentative	형 임시의 = provisional 형 불확실한 = uncertain
figure	동 판단하다 = decide 명 수치 = measurement
address	동 연설하다 = make a speech 동 처리하다 = resolve

term	명 조건(복수형) = conditions 명 기간 = duration
mark	명 점수 = rating 동 기념하다 = celebrate
value	명 싸게 산 물건 = bargain 동 소중히 여기다 = appreciate
perform	동 작동하다 = function 동 수행하다 = carry out
serve	동 역을 맡다 = act 동 일하다 = work
treat	동 취급하다 = handle 동 다루다 = deal with
meet	동 달성하다 = achieve 동 충족시키다 = fulfill 동 도달하다 = reach
form	명 양식, 서류 = document 동 형성하다 = establish

오늘 배운 내용을 바탕으로 연습문제를 풀어 보세요.

1

Joe Kimball opened Kimball's, a fast-food restaurant that specializes in regional food from the South. It was an immediate hit. "I've always loved to cook, and I really love Southern food. So I figured I'd open a restaurant specializing in it," he said.

Q. In the article, the word "figured" in paragraph 1, line 5, is closest in meaning to

(A) decided   (B) calculated

2

Dear Mr. Jackson,

I have just received and read your letter. I wanted to let you know I will spend my entire morning looking into the issues you wrote about in your letter. None of the conditions you described are acceptable. I am shocked to learn of these security issues and I will let you know how the issues will be resolved as soon as I have completed my investigation.

Q. In the letter, the word "conditions" in paragraph 1, line 4, is closest in meaning to

(A) illnesses   (B) circumstances

memo

Today's VOCA

01 right
롸잇 [rait]
명 권리 형 올바른, 정확한, 적합한

reserve the **right** to change the schedule without notice
통보 없이 일정을 바꿀 권리를 갖고 있다

02 together
터게더ㄹ [təgéðər]
부 함께, 결합하여

work **together** in the future
앞으로 함께 일하다

03 turn
터ㄹ언 [təːrn]
동 (돌려서) 끄다/켜다, 돌다 명 차례, 회전, 전환

turn off one's mobile phone
휴대폰을 끄다

04 confident
칸쀠던(트) [kánfədənt]
형 확신하는, 자신 있는

be **confident** that
~라고 확신하다

ⓟ **confidence** 명 자신, 신뢰

05 practice
프랙티스 [præktis]
명 관행, 습관 동 연습하다, 개업하다

environmentally-friendly **practices**
환경 친화적인 관행

06 orientation
어뤼엔테이션 [ɔ̀ːriəntéiʃən]
명 예비 교육, 진로 지도, 방향

attend an **orientation** program
예비 교육 프로그램에 참여하다

07 mistakenly
미스테이크리 [mistéikənli]
부 실수로

mistakenly report that
실수로 ~라고 잘못 보고하다

ⓟ **mistake** 명 착각, 오해, 실수

08 panel
패널 [pǽnl]
명 판정단, 위원단, 토론단, 합판

a **panel** of experts
전문가 판정단

광고

광고도 Part 4에 자주 나오는 담화 중 하나입니다. 주로 제품이나 서비스, 업체 또는 행사를 광고하는 내용이 제시됩니다. 주제는 다양하지만 전개 방식은 유사하므로 흐름과 빈출 표현을 미리 알아두면 유리합니다.

■ 광고 흐름

밤에 잠들기 어려우신가요? 그렇다면 **트루 필로우를 사용해 보세요!** 인생 최고의 숙면을 취하실 것을 보장합니다. ┄┄┄ ❶ 제품/서비스 소개

모든 트루 필로우 제품은 **특수한 포에버 고무로 만들어졌습니다.** 그것은 영구적으로 편안한 상태가 지속되는 부드러운 물질이죠. ┄┄┄ ❷ 제품/서비스 상세 정보

오늘 저희 웹 사이트를 방문하셔서 트루 필로우를 주문하세요. **추가 할인을 받으시려면,** 저희 웹 사이트에서 "goodnight"라는 할인 코드를 입력하세요. ┄┄┄ ❸ 구매/혜택 안내 및 마무리

■ 광고 빈출 표현

· Do you have difficulty -ing?	~하는 데 어려움을 겪고 계시나요?
· Are you looking for ~? / Are you tired of ~?	~를 찾고 계시나요? / ~이 지겨우십니까?
· Then you should try + 상품명	그렇다면 ~를 사용해 보세요
· For a limited time only	한정된 기간에 한해
· Starting next week, we will be offering ~	다음 주부터 ~을 제공해드릴 것입니다
· Visit our Web site to do	저희 웹 사이트에 방문하셔서 ~하세요
· To get an additional discount,	추가적인 할인을 받으시려면,

1 What is being advertised?

(A) A pillow

(B) A computer

Do you have difficulty sleeping at night?
Then you should try **True Pillow**!
You will have the best sleep of your life, guaranteed.

2 According to the advertisement, what is special about the product?

(A) It is only available for a short time.

(B) It is made from a special material.

Every True Pillow **is made from our special Forever Foam**.
It is a soft material that will stay comfortable forever.

3 How can the listeners receive a discount?

(A) By entering a promotional code

(B) By signing up for a membership

Visit our Web site to order your True Pillow today.
To get an additional discount, enter the promotional code "goodnight" on
our Web site.

정답 및 해설 p. 25

DAY 03

Part 4 광고

Practice 정답 및 해설 p. 26

▲ MP3 바로듣기   ▲ 강의 바로보기

오늘 배운 내용을 바탕으로 연습문제를 풀어 보세요.

1 What is being advertised?

(A) A tour company
(B) An amusement park
(C) A fitness center
(D) A sporting goods store

2 What kind of event is the business advertising?

(A) A product launch
(B) A seasonal sale
(C) A grand opening party
(D) A sports game

3 What will the business do this week?

(A) Stay open late
(B) Distribute flyers
(C) Survey customers
(D) Move to a new location

4 What type of business is being advertised?

(A) A cooking school
(B) A food factory
(C) A catering firm
(D) A restaurant

5 What does the speaker say is special about the business?

(A) It was featured in a newspaper.
(B) It has won many awards.
(C) It uses healthy ingredients.
(D) It has the lowest prices in town.

6 What is the business offering in July?

(A) A discount
(B) A free item
(C) A membership
(D) A farm tour

Today's VOCA

01 shift
쉬쁫(트) [ʃift]
몡 (교대) 근무, 변화 동 전환하다

work weekend **shifts**
주말 근무를 하다

02 equal
이퀄 [íːkwəl]
혱 맞먹는, 같은, 동등한

receive a bonus **equal** to one month's salary
한 달 월급에 맞먹는 보너스를 받다
파 **equally** 분 동등하게

03 occasionally
어케이줘널리 [əkéiʒənəli]
분 가끔

lower the price **occasionally**
가격을 가끔 내리다
파 **occasional** 혱 가끔 발생하는

04 actively
액티블리 [ǽktivli]
분 적극적으로, 활발히

actively seek out ways to do
~할 방도를 적극적으로 모색하다
파 **active** 혱 활동적인

05 surprisingly
써르프라이징리 [sərpráiziŋli]
분 놀랄 정도로, 놀랍게도, 의외로

surprisingly spacious
놀랄 정도로 넓은

06 output
아웃풋 [áutput]
몡 생산량, 출력

see a rapid growth in **output**
빠른 생산량 증가를 이루다

07 so
쏘우- [souː]
분 (앞에 언급된 내용을 가리켜) 그렇게, 너무

even **so**
그렇다고 해도

08 product
프뤄덕(트) [prádʌkt]
몡 제품, (노력의) 결실

a **product** that does not meet one's expectations
기대에 미치지 못하는 제품

DAY 03

Part 4 광고

문맥 파악 ❷

📖 문장삽입

문장삽입 유형은 문제에 주어진 문장이 지문에 들어갈 가장 알맞은 위치를 고르는 유형입니다. 지문에 [1]~[4]까지의 번호가 표기되어 있고, 이 중에서 문맥상 가장 자연스러운 위치를 고르면 됩니다. 제시된 문장에서 지시대명사, 지시형용사, 인칭대명사, 부사, 접속부사 등의 지시어를 활용해 정답을 고르면 됩니다.

■ 문장삽입 문제 질문 유형

> In which of the positions marked [1], [2], [3], and [4] does the following sentence best belong?
> [1], [2], [3], 그리고 [4] 중에서 다음 문장이 가장 잘 어울리는 위치는 어느 것인가?

📋 Example ‌ 문장삽입 예제

On the company Web site, you will find a new page titled "Client Contact." — [1] —. Log in, and **you will find a folder** for each client. — [2] —. The date, time and what was discussed also needs to be entered.

회사 웹사이트에서 "고객 연락처"라는 제목의 새로운 페이지를 찾으실 수 있습니다. —[1]—. 로그인하면 각 고객들의 폴더를 찾을 수 있습니다. —[2]—. 날짜, 시간, 그리고 무엇에 대해 상담했는지에 대한 정보 또한 입력되어야 합니다.

Q. In which of the positions marked [1] and [2] does the following sentence best belong?
[1] 그리고 [2] 중에서 다음 문장이 가장 잘 어울리는 위치는 어느 것인가?

"Any contact with a client needs to be noted in this folder."
고객과 관련된 모든 연락 방법이 이 폴더에 기재되어야 합니다.

(A) [1]   (B) [2]

⚡ 초스피드 문제풀이 따라하기

❶ 질문 유형 파악하기
질문을 보니 문장삽입 유형이에요.

⌄

❷ 질문에 제시된 문장 읽기
제시된 문장에서 지시어 this를 확인하고, 해당 문장을 해석합니다.

해석 고객과 관련된 모든 연락 방법이 이 폴더에 기재되어야 함

⌄

❸ 연결 관계 확인해서 정답 고르기
지문에서 folder가 언급된 부분을 찾아 그 뒤에 위치한 [2]에 제시된 문장을 넣으면 문맥이 자연스러우므로 (B)가 정답이에요.

📖 표현의도 파악하기

표현의도 파악하기 유형은 주로 문자 메시지나 온라인 채팅 지문에서 출제되는 유형으로, 질문에 제시된 표현을 언급한 화자의 숨은 의도를 묻는 문제입니다. 앞 또는 뒷사람의 말과 연결하여 화자의 의도를 파악해야 하므로 문맥을 이해하는 것이 가장 중요합니다.

■ 표현의도 파악하기 문제 질문 유형

> At 11:34 A.M., what does Mr. Wandell most likely mean when he writes, "How could I forget"?
>
> 오전 11시 34분에, 완델 씨가 "How could I forget?"이라고 쓴 의도는 무엇인가?

🅣🅘🅟 표현의도 파악하기 풀이 시 유의할 점

제시된 표현의 사전적 의미가 아닌 상황 속에서의 의미를 묻는 것이기 때문에 정답의 단서를 확인하기 위해 해당 표현의 앞뒤 문장을 읽어야 합니다. 주로 짤막한 구어 표현 위주로 출제되므로 해당 표현을 해석하는 것은 크게 어렵지 않습니다.

📝 Example 표현의도 파악하기 예제

NATALIE GRANT [6:58 p.m.]
I hope the instructor will be patient with me if I'm having trouble.
나탈리 그랜트 [오후 6:58]
내가 문제가 생겼을 때 강사가 인내심을 가지고 대해준다면 좋겠어.

CHRIS HEATON [6:59 p.m.]
Absolutely. She's experienced in teaching people of all levels, from beginners to experts.
크리스 히튼 [오후 6:59]
물론이지. 그녀는 입문자부터 전문가까지 모든 수준의 학생들을 가르친 경험이 충분해.

Q. At 6:59 p.m., what does Mr. Heaton mean when he writes, "Absolutely"?
　오후 6시 59분에, 히튼 씨가 "Absolutely"라고 쓴 의도는 무엇인가?

(A) He recommends that Ms. Grant take a beginner's class.
　　그는 그랜트 씨가 입문 강의를 들어야 한다고 권한다.

(B) He assures Ms. Grant that a teacher is understanding.
　　그는 그랜트 씨에게 강사가 이해심이 많다는 것을 장담한다.

⚡ 초스피드 문제풀이 따라하기

❶ 질문 유형 파악하기
질문을 보니 표현의도 파악하기 유형이에요.

❷ 제시된 표현 앞뒤 문장 읽기
지문에서 제시된 표현을 찾아 앞뒤 문장을 해석해 문맥을 파악합니다.
[앞문장해석] 문제가 생겼을 때 강사가 인내심을 가지길 바람
[뒷문장해석] 강사가 모든 수준의 사람들을 가르치는데 익숙함

❸ 문맥 파악해서 정답 고르기
Absolutely가 '물론이지'라는 의미이므로 강사가 인내심이 있다는 것을 뜻하여 그랜트 씨에게 확신을 주고 있습니다. 따라서 (B)가 정답이에요.

오늘 배운 내용을 바탕으로 연습문제를 풀어 보세요.

1

— [1] —. Please be advised that we are not authorized to collect vehicle batteries, chemicals, or medical waste during typical collections. — [2] —. Bulky materials like mattresses are also not acceptable for normal collections.

Q. In which of the positions marked [1] and [2] does the following sentence best belong?

"Such items are considered hazardous."

(A) [1]   (B) [2]

memo

2

DENNIS [10:45 a.m.]
Olga… our rooms have been booked at Ana Hotel.

OLGA [10:48 a.m.]
Great! And is the hotel close to the client's office? We don't want to waste any time.

DENNIS [10:50 a.m.]
It's just around the corner.

Q. At 10:50 a.m., what does Dennis imply when he writes, "It's just around the corner"?

(A) An event will take place soon.
(B) A building is conveniently located.

Today's VOCA

01 project ★
동 프뤄젝트 [prədʒékt] 명 프뤄젝트 [prádʒekt]
동 예상하다, 전망하다 명 계획, 프로젝트

as projected
예상한 바대로
🔁 projection 명 예상, 전망

02 date ★
데잇 [deit]
명 날짜 동 날짜를 메기다

let me know which dates you are interested in
귀하가 관심있는 날짜를 알려주십시오

03 confirm ★★★★
컨뿨ㄹ엄 [kənfə́:rm]
동 승인하다, 확인해주다

This letter confirms that your membership has been approved.
귀하의 회원 승인을 확인해 드리려고 편지를 드립니다.
🔁 confirmation 명 승인, 확인

04 quality ★
콸러티 [kwáləti]
명 품질, 특성 형 양질의

to ensure the quality of new products
신제품의 품질을 보장하기 위해

05 public ★
퍼블릭 [pʌ́blik]
형 공공의, 공개의

in all public areas of the building
건물 내의 모든 공공 장소에서

06 despite ★★★★
디스파잇 [dispáit]
전 ~에도 불구하고

despite the shortage of construction funding
건축 자금의 부족에도 불구하고

07 update ★★
업데잇 [əpdeit]
동 갱신하다, 최신 정보로 교체하다 명 갱신

update one's personal records
개인 정보를 갱신하다

08 production ★★
프뤄덕션 [prədʌ́kʃən]
명 제작, 생산, 생산량

resume production
생산을 재개하다
🔁 produce 동 제조하다, 생산하다 명 농산물

VOCA

● 단어와 그에 알맞은 뜻을 연결해 보세요.

1 goal ●   ● (A) 제품, (노력의) 결실

2 product ●   ● (B) 품질, 특성, 양질의

3 quality ●   ● (C) 목표

● 다음 빈칸에 알맞은 단어를 선택하세요.

4 ------- production delays
생산 지연을 야기하다

5 see a rapid growth in ------- during the past ten months
지난 10개월간 빠른 생산량 증가를 이루다

(A) output
(B) cause
(C) despite

6 ------- the shortage of construction funding
건축 자금 부족에도 불구하고

● 실전 문제에 도전해 보세요.

7 Meaty Burger offers a higher hourly pay rate to employees who work early-morning -------.

(A) shifts   (B) differences
(C) updates   (D) projects

8 The committee will reserve the ------- to request information about the safety procedures.

(A) fact   (B) role
(C) right   (D) turn

한 주 동안 학습한 내용을 적용하여 기출변형 문제들을 풀어 보세요.

▲ MP3 바로듣기

▲ 강의 바로보기

1 What is the main topic of the talk?

(A) A renovation project
(B) New technology
(C) Home decorating
(D) Fashion trends

Tour packages	
Duration	**Price**
One week	$1,500
Two weeks	$2,500
One month	$4,000
Three months	$5,500

2 What is mentioned about Dr. Underwood?

(A) He released a book.
(B) He traveled abroad.
(C) He appeared in a magazine.
(D) He designed a building.

4 What is the main purpose of the advertisement?

(A) To recommend local attractions
(B) To describe resort amenities
(C) To promote a travel company
(D) To announce a relocation

3 What will listeners probably hear next?

(A) A traffic report
(B) A weather update
(C) Business news
(D) An advertisement

5 What does the speaker mention about children?

(A) They do not need to pay an entry fee.
(B) They will get free meals.
(C) They can enjoy activities.
(D) They must be accompanied by an adult.

6 Look at the graphic. What is the price of the tour package described in the advertisement?

(A) $1,500
(B) $2,500
(C) $4,000
(D) $5,500

DAY 05

Weekly Test

한 주 동안 학습한 내용을 적용하여 기출변형 문제들을 풀어 보세요.

▲ 강의 바로보기

Questions 1-2 refer to the following online chat discussion.

SILAS EASTON [9:22 a.m.]
Mary, when I handled salaries at the Leeds branch, we would normally send out pay slips a few days prior to the payments. Are things different here?

MARY BONNER [9:24 a.m.]
We used to do that, but starting from this month, pay slips will be distributed the day after payment.

SILAS EASTON [9:25 a.m.]
Sorry, but won't this produce complaints from employees?

MARY BONNER [9:28 a.m.]
Let's think about it when the time comes. We'd better focus on getting this month's payroll done for now.

---

1 What is mentioned about Mr. Easton?

   (A) He did not receive his pay.
   (B) He has received a pay increase.
   (C) He previously worked at a different office.
   (D) He forgot to send some documents to employees.

2 In the online chat discussion, the word "handled" in paragraph 1, line 1, is closest in meaning to

   (A) dealt with
   (B) touched
   (C) moved
   (D) held

Questions 3-4 refer to the following e-mail.

Dear Ms. Roriel,

I'm writing to you because you expressed interest in presenting your new line of clothing at our fashion show in June. — [1] —. We feel that your summer products would be perfect. — [2] —.

Every participant in the event will receive a free stay at the Astora Hotel for three nights. — [3] —. I look forward to hearing from you. — [4] —.

Kindest regards,

Sara Dalton
Event Organizer

3 What is Ms. Roriel's occupation?

(A) A fashion designer
(B) A magazine writer
(C) A guest speaker
(D) A hotel manager

4 In which of the positions marked [1], [2], [3], and [4] does the following sentence best belong?

"You'll also receive various gifts."

(A) [1]
(B) [2]
(C) [3]
(D) [4]

Week **20**
정답 및 해설

Day 01 라디오 방송

Quiz

1. 화자는 누구이겠는가?
(A) 라디오 진행자
(B) 관광 가이드

> 안녕하세요, '서울 딜라이트'를 청취해 주셔서 감사합니다. 저는 준 킴이며, 오전 교통 소식으로 프로그램을 시작하겠습니다.

정답 (A)
어휘 radio host 라디오 진행자 tour guide 관광 가이드 tune in to ~을 청취하다, ~에 채널을 맞추다 traffic report 교통 소식

2. 화자는 청자들에게 무엇을 하도록 권하는가?
(A) 대중 교통을 이용하는 일
(B) 다른 길을 이용하는 일

> 오늘 오전에는, 34번 고속도로에 정체를 예상하셔야 합니다. 차량 충돌 사고로 그 지역 교통 흐름이 느려지고 있습니다. 따라서, 30번 고속도로를 대신 이용하실 것을 권해 드립니다.

정답 (B)
어휘 public transportation 대중 교통 take (교통편, 도로 등) ~을 이용하다 expect ~을 예상하다 delay 지연, 지체 crash 충돌 사고 slow v. ~을 늦추다, 더디게 하다 area 지역 recommend -ing ~하도록 권하다 instead 대신에

3. 청자들은 다음으로 무엇을 들을 것인가?
(A) 광고
(B) 일기 예보

> 짧은 광고 방송 후에 다시 돌아오겠습니다.

정답 (A)
어휘 advertisement 광고 be back 돌아오다 commercial break 광고 방송 시간

Practice

1. (B)	2. (C)	3. (D)	4. (D)	5. (C)
6. (C)				

Questions 1-3 refer to the following radio broadcast.

> **1** It's now 8:30, so it's time for TS Radio's Sunday morning weather report. It is late April, but the temperature will drop quite a bit due to heavy rain. **2** So, you should take your umbrella if you're planning to go outside today. Fortunately, temperatures are expected to rise continually throughout next week, and this will be a good weekend to enjoy outdoor activities. I'll be back in two hours. **3** Now back to our regular sports program.

현재 시각이 8시 30분이므로, TS 라디오의 일요일 아침 일기 예보 시간입니다. 4월 말로 접어들었지만, 많은 비로 인해 기온이 상당히 떨어질 것입니다. 따라서 오늘 외출을 계획하고 계신 분은 우산을 챙겨 가시기 바랍니다. 다행히도, 기온은 다음 주 내내 지속적으로 상승할 것으로 예상되며, 야외 활동을 즐기기에 좋은 주말이 될 것입니다. 저는 2시간 후에 다시 찾아 뵙겠습니다. 이제 정규 스포츠 방송 프로그램이 다시 이어지겠습니다.

어휘 weather report 일기 예보 temperature 기온 drop 떨어지다, 하락하다 quite a bit 꽤, 상당히 (많이) due to ~로 인해 heavy rain 많은 비, 호우 take ~을 가져가다 plan to do ~할 계획이다 go outside 외출하다 fortunately 다행히 be expected to do ~할 것으로 예상되다 rise 오르다, 상승하다 continually 지속적으로 throughout ~ 동안 내내 outdoor 야외의 activity 활동 be back 돌아오다, 돌아가다 in + 시간: ~ 후에 back to ~로 다시 돌아가다 regular 정규의

1. 라디오 방송은 주로 무엇에 관한 것인가?
(A) 시설 관리 작업
(B) 지역 날씨
(C) 음식 축제
(D) 교통 상황

정답 (B)
해설 담화의 시작 부분에 현재 시각과 함께 TS 라디오의 일요일 아침 일기 예보 시간이라고(It's now 8:30, so it's time for TS Radio's Sunday morning weather report) 말하며 프로그램의 주제를 알리고 있다. 따라서 (B)가 정답이다.
어휘 maintenance 시설 관리, 유지 보수 local 지역의 traffic conditions 교통 상황

2. 화자는 청자들에게 무엇을 하도록 권하는가?
(A) 시내 지역을 피해서 갈 것
(B) 행사 입장권을 구입할 것
(C) 우산을 챙길 것

(D) 대중 교통을 이용할 것

정답 (C)

해설 화자는 담화 시작 부분에서 비가 내린다는 말을 전한 후에 오늘 외출을 계획하고 있다면 우산을 챙겨 가길 바란다(So, you should take your umbrella if you're planning to go outside today)는 말로 권고 사항을 전달하고 있다. 따라서 (C)가 정답이다.

어휘 avoid ~을 피하다 downtown area 시내 지역 purchase ~을 구입하다 public transportation 대중교통

3. 청자들은 곧이어 무엇을 들을 것인가?
(A) 광고
(B) 음악 공연
(C) 교통 소식
(D) 스포츠 보도

정답 (D)

해설 담화 마지막 부분에 이제 정규 스포츠 프로그램이 다시 이어진다(Now back to our regular sports program)고 알리고 있으므로 (D)가 정답이다.

어휘 advertisement 광고 performance 공연, 연주 update (최신) 소식 report 보도

Questions 4-6 refer to the following broadcast.

Hello, this is Jane, **4** your host for today's movie review on radio station KTEC. We have invited **5** Brian Gray to join us today. **5** He'll be talking about the movie he recently directed. Also, Chris Jin, the editor of *Cinema Today*, will be here in the studio. Mr. Jin will review some new releases and then happily make his recommendation among them. **6** Now it's time for a weather report. But stay tuned, and we'll be right back with our guests.

안녕하세요, 저는 제인이며, KTEC 라디오 방송국에서 전해 드리는 오늘의 영화 비평 진행자입니다. 저희는 오늘 브라이언 그레이 씨께 저희와 함께 하시도록 요청 드렸습니다. 그레이 씨께서는 최근에 감독하신 영화에 관해 이야기해 주실 것입니다. 또한, <시네마 투데이>의 편집자이신 크리스 진 씨께서도 이곳 스튜디오에 계실 것입니다. 진 씨께서는 몇몇 최신 개봉 작품들을 평가해 주신 다음, 그 중에서 기꺼이 작품을 추천해 주실 것입니다. 이제 날씨 소식을 들으실 시간입니다. 하지만 채널 고정해 주시기 바라며, 저희는 곧 초대 손님들과 함께 돌아오겠습니다.

어휘 host (방송 프로그램 등의) 진행자 review n. 비평, 평가 v. ~을 평가하다, 검토하다 radio station 라디오 방송국 invite A to do: A에게 ~하도록 요청하다 join ~와

함께하다, ~에 합류하다 recently 최근에 direct ~을 감독하다, 지휘하다 editor 편집자 new release 개봉작, 발매작 then 그런 다음, 그리고 나서 make one's recommendation 추천하다 among ~ 사이에서, ~ 중에서 it's time for ~할 시간이다 stay tuned 채널을 고정하다, 계속 청취하다 be right back 곧 돌아오다 guest 초대 손님

4. 방송의 주제는 무엇인가?
(A) 현대적인 생활 방식
(B) 직장 내의 갈등
(C) 시장 조사
(D) 최신 영화

정답 (D)

해설 화자가 담화를 시작하면서 자신의 이름과 함께 자신이 오늘의 영화 비평 진행자라고(your host for today's movie review) 말하며 본인을 소개하고 있다. 따라서 최신 영화를 의미하는 (D)가 정답이다.

어휘 modern 현대적인 lifestyle 생활 방식 conflict 갈등, 충돌 research 조사, 연구 recent 최신의

5. 브라이언 그레이 씨는 누구인가?
(A) 유명 요리사
(B) 업체 소유주
(C) 영화 감독
(D) 라디오 프로그램 진행자

정답 (C)

해설 초반부에 브라이언 그레이 씨를 He로 지칭하여 언급하면서, 그가 최근에 영화를 감독한(He'll be talking about the movie he recently directed) 사실을 알리고 있다. 따라서 그레이 씨가 영화 감독이라는 것을 알 수 있으므로 (C)가 정답이다.

어휘 famous 유명한 cook 요리사 owner 소유주 director 감독

6. 청자들은 다음으로 무엇을 들을 것인가?
(A) 영화 배경 음악
(B) 광고
(C) 일기 예보
(D) 교통 보도

정답 (C)

해설 화자는 담화 마지막에 날씨 소식을 들을 시간이라고(Now it's time for a weather report) 알린 후에, 곧 초대 손님들과 함께 돌아오겠다고 밝히고 있다. 따라서 (B)가 정답이다.

어휘 soundtrack 영화 배경 음악 advertisement 광고 forecast 예측, 예보 traffic 교통, 차량들 report 보도

Day 02 문맥 파악 ❶

Practice

1. (A)   **2.** (B)

1.

> 조 킴벌은 남부의 지방색을 살린 음식을 전문으로 하는 패스트푸드 레스토랑 킴벌스를 열었다. 그리고 빠른 인기를 얻었다. 킴벌 씨는 말했다. "전 항상 요리하는 걸 좋아했습니다. 그리고 남부 음식을 정말 좋아했지요. 그래서 그 지역 음식을 전문으로 하는 레스토랑을 열기로 판단했습니다."

Q. 기사에서 첫 번째 단락, 다섯 번째 줄에 있는 단어 "figured"와 가장 가까운 뜻의 단어는?

(A) 판단했다
(B) 계산했다

정답 (A)

해설 문제에서 제시된 단어를 지문에서 먼저 찾아 단어가 포함된 문장을 해석해보면 '그 지역 음식을 전문으로 하는 레스토랑을 열기로 판단했다'는 내용이다. 따라서 '판단하다, 생각하다'라는 뜻을 가진 (A) decided가 정답이다.

어휘 open ~을 열다 specialize in ~을 전문으로 하다 regional 지역의 immediate 즉각적인 hit 인기 품목 always 항상 cook ~을 요리하다 southern 남부의 figure ~을 판단하다 decide ~을 판단하다 calculate ~을 계산하다

2.

> 잭슨 씨께,
>
> 방금 귀하의 편지를 받고 읽어보았습니다. 귀하가 편지에 적으신 상황들에 대해 오전 내내 조사할 계획임을 알려드리고자 합니다. 설명하신 상황 중 어느 것도 용납될 수 없습니다. 저는 이번 보안 문제에 대해 듣고 크게 놀랐으며, 조사를 마치는 대로 문제 해결 방법을 알려 드리겠습니다.

Q. 편지에서 첫 번째 단락, 네 번째 줄의 단어 "conditions"와 가장 가까운 뜻의 단어는?

(A) 질병
(B) 상황

정답 (B)

해설 문제에서 제시된 단어를 지문에서 먼저 찾아 단어가 포함된 문장을 해석해보면 '설명하신 상황 중 어느 것도 용납될 수 없다'는 내용이다. 따라서 '상황'을 뜻하는 (B) circumstances가 정답이다.

어휘 receive ~을 받다 let A know A에게 알려주다 spend 시간을 보내다 entire 전체의 look into ~을 조사하다 issue 상황 condition 상황 describe ~을 설명하다 acceptable 용납할 수 있는 shocked 충격적인 security 보안 resolve ~을 해결하다 as soon as ~하는대로 complete ~을 마치다 investigation 조사 illness 질병 circumstance 상황

Day 03 광고

Quiz

1. 무엇이 광고되고 있는가?
   (A) 베개
   (B) 컴퓨터

> 밤에 잠들기 어려우신가요? 그렇다면 트루 필로우를 사용해 보세요! 인생 최고의 숙면을 취하실 것을 보장합니다.

정답 (A)

어휘 pillow 베개, 쿠션 have difficulty -ing ~하는 데 어려움을 겪다 guaranteed 보장된, 확실한

2. 광고에 따르면, 제품은 무엇이 특별한가?
   (A) 단기간 동안만 살 수 있다.
   (B) 특별한 소재로 만들어졌다.

> 모든 트루 필로우 제품은 특별한 포에버 고무로 만들어졌습니다. 그것은 영구적으로 편안한 상태가 지속되는 부드러운 물질이죠.

정답 (B)

어휘 available 구할 수 있는, 이용할 수 있는 short time 단기간 be made from ~로 만들어지다 special 특수한 material 재질, 재료 foam (매트리스 등에 쓰는) 발포 고무 soft 푹신한, 부드러운 stay + 형용사: ~한 상태가 유지되다 comfortable 편안한 forever 영원히

3. 청자들은 어떻게 할인을 받을 수 있는가?
   (A) 할인코드를 입력함으로써
   (B) 회원으로 가입함으로써

오늘 저희 웹 사이트를 방문하셔서 트루 필로우를 주문하세요. 추가 할인을 받으시려면, 저희 웹 사이트에서 "goodnight"라는 할인 코드를 입력하세요.

정답 (A)

어휘 discount 할인 enter ~을 입력하다 sign up for a membership 회원으로 가입하다 visit ~을 방문하다 order ~을 주문하다 additional 추가의 promotional code 할인 번호, 할인 코드

Practice

1. (D)	2. (B)	3. (A)	4. (D)	5. (C)
6. (A)				

Questions 1-3 refer to the following advertisement.

It's almost winter time, and here at Action World we have everything you need to have fun in the snow. Come on down and **1** **2** check out our winter sale on sports gear. For this week only, all the equipment you need for skiing, snowboarding, and skating will be offered at 30% off. And, **3** we'll be closing later than usual. We'll be open until 9 P.M. instead of 7. Don't miss out!

이제 겨울이 다 되었고, 이곳 액션 월드에서는 여러분들이 눈 속에서 즐거움을 느끼는 데 필요한 모든 것이 갖춰져 있습니다. 오셔서 스포츠 기구를 대상으로 하는 겨울 세일을 확인해 보세요. 이번 주에 한해 스키, 스노보딩, 그리고 스케이팅 등에 필요한 모든 장비를 30% 할인된 가격에 드립니다. 그리고 저희 매장은 평소보다 늦게 문을 닫을 겁니다. 저녁 7시가 아닌 9시까지 문을 엽니다. 놓치지 마세요!

어휘 almost 거의 have fun 즐거움을 만끽하다 check out ~을 확인하다 gear 장비, 기구 equipment 도구 offer ~을 제공하다 close 문을 닫다 later than usual 평소보다 늦게 until ~까지 instead of ~대신에 miss out ~을 놓치다

1. 무엇이 광고되고 있는가?
(A) 여행사
(B) 놀이공원
(C) 피트니스 센터
(D) 스포츠 용품점

정답 (D)
해설 담화 초반에 스포츠 기구를 대상으로 하는 겨울 세일을 확인

해 보라고(check out our winter sale on sports gear) 권하는 것으로 보아 겨울용 스포츠 장비 광고임을 알 수 있다. 따라서 (D)가 정답이다.

어휘 advertise 광고하다 amusement 즐거움, 놀이 goods 제품, 상품

Paraphrase sports gear → sporting goods

2. 업체는 어떤 행사를 광고하는가?
(A) 제품 출시
(B) 계절별 세일
(C) 개업식
(D) 스포츠 경기

정답 (B)
해설 담화 초반에 겨울 세일을 확인해 보라고(check out our winter sale on ~) 언급하고 있으므로 (B)가 정답이다.

어휘 launch (제품 등의) 출시 seasonal 시즌의, 계절의 grand opening 개업

Paraphrase winter sale → seasonal sale

3. 업체는 이번 주에 무엇을 할 것인가?
(A) 늦게까지 문을 여는 일
(B) 전단지를 배포하는 일
(C) 고객 설문 조사를 하는 일
(D) 새로운 장소로 옮겨가는 일

정답 (A)
해설 담화 마지막에서 평소보다 늦게 매장 문을 닫을 것이고, 저녁 9시까지 문을 열겠다(we'll be closing later than usual. We'll be open until 9 P.M. instead of 7)고 밝히고 있으므로 (A)가 정답이다.

어휘 stay open 문을 열다 distribute ~을 배포하다 flyer 전단지 survey 설문 조사를 하다 move to ~로 이사하다 location 지점, 장소

Paraphrase be closing later than usual → Stay open late

Questions 4-6 refer to the following advertisement.

4 The next time you're in the downtown area and feel like eating something, come and try the food at Willow's. All of the ingredients we use in our dishes are one hundred percent organic produce. **5** No chemicals are used, and they are grown in a natural and healthy way. When you order soups, salads, steaks or sandwiches at Willow's, you know that you are eating safe and healthy food. Also, **6** throughout July, we are giving our customers 10 percent off any orders made between 11 A.M. and 1 P.M.

....

다음 번에 시내 지역에 오실 때 무언가를 먹고 싶다는 생각이 드시면, 윌로우스에 오셔서 음식을 한번 맛보세요. 저희 음식에 사용하는 모든 재료들은 100퍼센트 유기농 농산물들입니다. 화학 약품이 사용되지 않으며, 이 재료들은 자연적이고 건강에 좋은 방식으로 재배됩니다. 여러분께서 저희 윌로우스에서 수프나 샐러드, 스테이크 또는 샌드위치를 주문해 보시면, 안전하고 건강에 좋은 음식을 드시고 계신다는 점을 아시게 될 겁니다. 또한, 7월 한 달 동안, 오전 11시에서 오후 1시 사이에 주문하시는 어느 음식에 대해서도 10퍼센트의 할인을 고객님들께 제공해 드립니다.

어휘 **downtown area** 시내 지역 **feel like -ing** ~하고 싶은 생각이 들다 **try** ~을 한번 먹어 보다 **ingredient** 재료, 성분 **dish** 음식, 요리 **organic** 유기농의 **produce** n. 농산물 **chemical** 화학 물질 **grown** 재배된 **natural** 자연적인 **healthy** 건강에 좋은 **way** 방식, 방법 **order** ~을 주문하다 **safe** 안전한 **throughout** ~동안 내내 **give A B:** A에게 B를 주다 **make an order** 주문하다 **between A and B:** A와 B 사이에

4. 어떤 종류의 업체가 광고되고 있는가?
(A) 요리 학교
(B) 식품 공장
(C) 출장 요리 업체
(D) 식당

정답 (D)
해설 담화를 시작하면서 화자가 시내에 와서 식사를 하고 싶은 생각이 들 때 윌로우스에 한번 와 보라고(The next time you're in the downtown area and feel like eating something, come and try the food at Willow's) 하므로 식당을 광고하는 담화임을 알 수 있다. 따라서 (D)가 정답이다.
어휘 **business** 업체, 회사 **advertise** ~을 광고하다 **catering** 출장 요리 제공(업) **firm** 회사

5. 화자는 업체에 관해 무엇이 특별하다고 말하는가?
(A) 신문에 기사로 실렸다.
(B) 많은 상을 받았다.
(C) 건강에 좋은 재료를 사용한다.
(D) 도심에서 가격이 가장 낮은 곳이다.

정답 (C)
해설 담화 중반부에 화자는 윌로우스가 화학 약품을 사용하지 않으며, 재료들이 자연적이고 건강에 좋은 방식으로 재배된다(No chemicals are used, and they are grown in a natural and healthy way)는 특징을 알리고 있다. 이는 건강에 좋은

재료들만 사용한다는 사실을 강조하는 것이므로 (C)가 정답이다.
어휘 **feature** (신문, 잡지 등에) 기사로 싣다 **win an award** 상을 받다 **lowest** 가장 낮은 **price** 가격

6. 업체는 7월에 무엇을 제공하는가?
(A) 할인
(B) 무료 제품
(C) 회원 자격
(D) 농장 견학

정답 (A)
해설 담화 마지막 부분에서 7월 한 달 동안 특정 시간대에 주문하는 손님에게 10퍼센트의 할인을 제공한다(throughout July, we are giving our customers 10 percent off any orders made between 11 A.M. and 1 P.M.)고 말하고 있으므로 (A)가 정답이다.
어휘 **free** 무료의 **item** 제품, 물품 **membership** 회원 자격, 멤버십 **tour** 견학
Paraphrase 10 percent off → discount

Day 04 문맥 파악 ❷

Practice

1. (B)	2. (B)

1.

-[1]-. 우리가 일반적인 수거 작업 중에 차량 배터리, 화학물질, 또는 의료 폐기물을 수거하도록 허가 받지 않았다는 점에 유의하세요. -[2]-. 매트리스 같은 대형 물품 또한 일반적인 수거 활동에서 허용되지 않습니다.

Q. [1]과 [2]로 표시된 위치 중 다음 문장이 가장 잘 어울리는 곳은?
"그러한 물품들은 위험한 것으로 여겨집니다."

(A) [1]
(B) [2]

정답 (B)
해설 제시된 문장에서 지시어 Such를 찾을 수 있으므로 어떤 물품들이 나열된 문장을 찾으면 된다. [2]의 앞 문장에서 수거하지 않은 물건들을 차량 배터리, 화학물질, 또는 의료 폐기물이라고 나열하고 있으므로 (B)가 정답이다.

어휘 be advised that ~라는 점에 유의하세요 be authorized to do ~하도록 허가 받다 collect ~을 수거하다 vehicle 차량 chemical 화학물질 medical 의료의 waste 폐기물 typical 일반적인 collection 수거 bulky 대형의 acceptable 용인되는 normal 일반적인 item 물품 be considered ~라고 여겨지다 hazardous 위험한

2.

데니스 [오전 10:45]
올가... 우리 객실이 애나 호텔에 예약되었어요.

올가 [오전 10:48]
잘됐군요! 그리고 호텔이 고객의 사무실과 가깝나요? 조금의 시간이라도 허비하면 안되잖아요.

데니스 [오전 10:50]
아주 가까워요.

Q. 오전 10시 50분에, 데니스 씨가 "It's just around the corner." 이라고 쓴 의도는 무엇인가?

(A) 행사가 곧 열릴 것이다.

(B) 건물이 편리한 곳에 위치해 있다.

정답 (B)

해설 질문에 제시된 표현을 먼저 해석하면 '아주 가까이 있다'라는 뜻인데, 이는 시간이나 거리상의 가까움을 나타낸다. 지문에서 해당 표현 앞에서 올가 씨가 호텔이 고객 사무실과 가까운지 묻고 있으므로 (B)가 정답이다.

어휘 be booked 예약되다 close to ~와 가까운 client 고객 waste ~을 낭비하다 just around the corner 아주 가까운 take place (일이) 발생하다 soon 곧 conveniently located 편리한 곳에 위치한

Day 05 Weekly Test

VOCA

1. (C)	2. (A)	3. (B)	4. (B)	5. (A)
6. (C)	7. (A)	8. (C)		

7.

해석 미티 버거는 새벽 근무시간대에 근무하는 직원들에게 더 높은 시급을 제공한다.

해설 빈칸에는 빈칸 앞에 제시된 새벽이라는 시점과 함께 쓰일 수 있으면서 더 높은 시급을 받는 조건을 나타낼 수 있는 어휘가

필요하다. 따라서 '근무시간대'라는 뜻의 (A) shifts가 정답이다.

어휘 offer 제공하다 higher 더 높은 hourly pay rate 시급 employee 직원 work 근무하다 early-morning 새벽 shift 근무시간대 difference 차이 update 업데이트 project 프로젝트

8.

해석 위원회는 안전 절차에 대한 정보를 요청할 권리를 가질 것이다.

해설 빈칸에는 동사 reserve와 함께 쓰여 위원회가 정보를 요청하기 위해 가지고 있어야 할 것을 나타낼 어휘가 필요하다. 따라서 '권리'를 뜻하는 (C) right가 정답이다.

어휘 committee 위원회 reserve the right 권리를 가지다 request 요청하다 information 정보 safety 안전 procedure 절차 fact 사실 role 역할 turn 차례

LC

1. (C)	2. (A)	3. (D)	4. (C)	5. (C)
6. (A)				

Questions 1-3 refer to the following radio broadcast.

Good afternoon, listeners, and welcome to Home Comforts. Today, we are going to discuss wallpaper and paint color. **1** We all know that certain wall colors cheer you up and make you feel good. So, it's very important to choose specific colors when you are decorating your rooms at home. Our guest today, **2** Dr. Harold Underwood, will talk about his newly published book, *Decorating for the Mind*. If you'd like to ask our guest a question today, please send it to homecomforts@WRKradio.com. **3** I'll be back with Dr. Underwood after this message from our sponsor.

안녕하세요, 청취자 여러분, 홈 컴포츠 프로그램에 오신 것을 환영합니다. 오늘, 우리는 벽지 및 페인트 색상에 관해 이야기해 보겠습니다. 우리 모두는 벽의 특정 색상이 기운을 북돋아 주고, 기분을 좋게 만들어준다는 사실을 알고 있습니다. 따라서 집에 있는 방들을 장식할 때 특정 색상을 선택하는 것은 매우 중요합니다. 오늘 모실 손님이신 해럴드 언더우드 박사님께서는 새로 출간하신 책 <마음을 위해 장식하기>에 관해 이야기해 주실 예정입니다. 초대 손님이신 언더우드 박사님께 질문을 하고 싶으신 분은 homecomforts@WRKradio.com으로 보내 주시기 바랍니다. 광고를 들은 후에 언더우드 박사님과 함께 돌아오겠습니다.

어휘 discuss ~에 관해 이야기하다 wallpaper 벽지 certain 특정한 cheer A up: A의 기운을 북돋아 주다, A의 기분을 좋게 해주다 choose ~을 선택하다 specific 특정한, 구체적인 decorate ~을 장식하다 talk about ~에 관해 이야기하다 newly 새롭게 publish ~을 출간하다 would like to do ~하고 싶다 ask A a question: A에게 질문하다 be back 돌아오다, 돌아가다 sponsor 후원 업체

1. 담화의 주제는 무엇인가?
(A) 개조 작업
(B) 신기술
(C) **집안 장식**
(D) 패션 경향

정답 (C)

해설 화자는 환영 인사를 한 후에, 벽의 특정 색상이 기운을 북돋아 주고, 기분을 좋게 만들어준다는 사실을 알고 있다(We all know that certain wall colors cheer you up and make you feel good)고 말하고 있다. 이어서 집에 있는 방들을 장식할 때 색상을 선택하는 것이 중요하다(So, it's very important to choose specific colors when you are decorating your rooms at home)고 알리고 있는데, 이와 같은 내용들로 볼 때 실내 장식에 관한 이야기임을 알 수 있으므로 (C)가 정답이다.

어휘 renovation 개조 technology 기술 decorating 장식 trend 경향, 트렌드

2. 언더우드 박사에 관해 언급된 것은 무엇인가?
(A) **책을 출간했다.**
(B) 해외로 출장을 다녔다.
(C) 잡지에 소개되었다.
(D) 건물을 디자인했다.

정답 (A)

해설 담화 중반부에 해럴드 언더우드 박사가 새로 출간한 책 <마음을 위해 장식하기>에 관해 이야기해 줄 것이라는(Dr. Harold Underwood, will talk about his newly published book, *Decorating for the Mind*) 말로 언급되는데, 이는 책을 출간했다는 뜻이므로 (A)가 정답이다.

어휘 release ~을 출시하다, 내놓다 travel 출장 가다, 여행하다 abroad 해외로 appear 나타나다, 모습을 보이다 magazine 잡지 design ~을 고안하다, 설계하다

Paraphrase newly published book → released a book

3. 청자들은 곧이어 무엇을 들을 것 같은가?
(A) 교통 소식
(B) 일기 예보
(C) 비즈니스 뉴스

(D) 광고

정답 (D)

해설 화자는 담화 마지막에서 광고를 들은 후에 언더우드 박사님과 함께 돌아오겠다(I'll be back with Dr. Underwood after this message from our sponsor)고 말하고 있으므로 후원 업체에서 전하는 메시지(광고)를 곧 이어서 들을 것이라는 점을 유추할 수 있다. 따라서 (D)가 정답이다.

어휘 traffic 교통 report 보도, 소식 update (최신) 소식, 정보 advertisement 광고

Paraphrase this message from our sponsor → advertisement

Questions 4-6 refer to the following advertisement.

Are you looking for a fun vacation package for your family? **4** Then, Brill Travel is here for you. We are a brand new company that provides one-stop tour services. We will arrange your hotel, your transportation, and even your meals. **5** We also provide a special child-care program, which includes many games and activities. **6** For this month only, we are offering a special price on our one-week tour. You can spend the whole week on a cruise ship while enjoying the world's most beautiful scenery.

가족을 위한 즐거운 휴가 패키지 상품을 찾고 계십니까? 그러시다면, 저희 브릴 여행사가 여기 있습니다. 저희는 한 번에 모든 것이 해결 가능한 여행 서비스를 제공하는 신생 업체입니다. 저희는 여러분의 호텔과 교통편, 그리고 식사까지도 모두 준비해 드립니다. 또한 아이들을 돌봐 드리는 특별 프로그램도 제공해 드리며, 여기에는 많은 게임과 활동들이 포함되어 있습니다. 이번 달에 한해, 일주일간의 투어에 대해 특별가를 제공해 드립니다. 세상에서 가장 아름다운 풍경을 즐기시면서 일주일 내내 크루즈 여객선에서 보내실 수 있습니다.

여행 패키지 상품	
기간	가격
1주	1,500달러
2주	2,500달러
1개월	4,000달러
3개월	5,500달러

어휘 look for ~을 찾다 vacation 휴가 package 패키지 (상품) then 그렇다면 brand new (완전히) 새로운 provide ~을 제공하다(= offer) one-stop 한 번에 모두 해결 가능한 arrange ~을 준비하다, 마련하다 transportation 교통편 even ~도, ~조차 meal 식사

child-care program 아이를 돌봐 주는 프로그램 include
~을 포함하다 activity 활동 one-week 일주일 길이의
spend 시간 on A: A에 ~의 시간을 보내다 whole 전체의
while ~하는 동안 scenery 풍경, 경치 duration (지속)
기간

4. 광고의 주 목적은 무엇인가?
(A) 지역의 명소들을 추천하기 위해
(B) 리조트 편의 시설을 설명하기 위해
(C) 여행사를 홍보하기위해
(D) 위치 이전을 알리기 위해

정답 (C)
해설 화자는 담화 초반부에 본인이 속한 업체명을 밝히며 한 번에
모든 것이 해결 가능한 여행 서비스를 제공하는 신생 업체라
고(Then, Brill Travel is here for you. We are a brand
new company that provides one-stop tour services.)
설명하고 있다. 따라서 (C)가 정답이다.
어휘 recommend ~을 추천하다 local 지역의 attraction
명소, 인기 있는 곳 describe ~을 설명하다 amenities
편의 시설 promote ~을 홍보하다 travel company
여행사 announce ~을 알리다 relocation (위치) 이전

5. 화자는 아이들과 관련해 무엇을 언급하는가?
(A) 입장료를 지불할 필요가 없다.
(B) 무료 식사 서비스를 받을 수 있다.
(C) 활동들을 즐길 수 있다.
(D) 반드시 어른들이 동반되어야 한다.

정답 (C)
해설 화자는 담화 중반부에서 아이들 돌봄 특별 프로그램도 제공하
며, 많은 게임과 활동들이 포함되어 있다(We also provide
a special child-care program, which includes many
games and activities)고 알리고 있다. 따라서 아이들이 즐
길 수 있는 활동에 대해 언급한 (C)가 정답이다.
어휘 pay ~을 지불하다 entry fee 입장료 free 무료의 meal
식사 be accompanied by ~가 동반되다 adult 어른,
성인

6. 시각 정보를 보시오. 광고에서 설명하는 투어 패키지의 가격
은 얼마인가?
(A) 1,500달러
(B) 2,500달러
(C) 4,000달러
(D) 5,500달러

정답 (A)
해설 화자는 담화 후반부에 이번 달에 한해 일주일 기간의 투어
에 대해 특별가를 제공한다(For this month only, we are

offering a special price on our one-week tour)고 알리
고 있으므로 이에 해당하는 가격인 (A)가 정답이다.
어휘 price 가격 describe ~을 설명하다

RC

1. (C)　　**2.** (A)　　**3.** (A)　　**4.** (C)

1-2.

> **사일러스 이스턴** [오전 9:22]
> 메리 씨, **1** 제가 리즈 지사에서 연봉 업무를 **2** 처리했을 때,
> 보통 비용 지급일보다 며칠 앞서 급여 명세서를 발송하곤 했어
> 요. 이곳은 상황이 다른가요?
>
> **메리 보너** [오전 9:24]
> 저희도 전에는 그렇게 하곤 했는데, 이번 달부터 급여 명세서가
> 지급일 다음 날에 배부될 거예요.
>
> **사일러스 이스턴** [오전 9:25]
> 죄송하지만, 이 방식이 직원들로부터 불만을 발생시키지 않을까
> 요?
>
> **메리 보너** [오전 9:28]
> 때가 되면 생각해 봅시다. 지금으로서는 이번 달 급여 업무를 완
> 료하는 데 집중하는 게 좋겠어요.

어휘 handle ~을 처리하다 salary 급여 branch 지사
normally 보통 send out ~을 발송하다 pay slip
급여명세서 prior to 앞서 payment 지급(액) things
상황 used to do (과거에) ~하곤 했다 starting ~부터
distribute ~을 배부하다 produce ~을 발생시키다
complaint 불만 had better ~하는 게 좋겠다 focus on
~에 집중하다 payroll 급여 총액

1. 이스턴 씨에 관해 언급된 것은 무엇인가?
(A) 자신의 급여를 받지 못했다.
(B) 급여 인상을 받았다.
(C) 이전에 다른 사무실에서 일했다.
(D) 직원들에게 문서를 보내는 일을 깜빡했다.

정답 (C)
해설 이스턴 씨가 작성한 첫 번째 메시지를 보면, 과거에 리즈 지사
에서 급여 업무를 처리했다는 사실을 언급하고 있으므로 (C)
가 정답이다.
어휘 receive ~을 받다 pay 급여 increase 인상 previously
이전에 forget to do ~하는 것을 잊다 send ~을 보내다
document 문서

2. 온라인 채팅에서, 첫 번째 단락 첫 번째 줄의 단어
"handled"와 의미가 가장 가까운 것은?

(A) 처리했다
(B) 만졌다
(C) 이동시켰다
(D) 잡고 있었다

정답 (A)

해설 해당 단어가 포함된 문장을 해석하면 '리즈 지사에서 연봉 업무를 처리했을 때'라는 의미이므로 선택지 중 '처리하다'라는 뜻을 가진 (A) dealt with가 정답이다.

어휘 deal with ~을 처리하다 touch ~을 만지다 move ~을 이동시키다 hold (손으로) 잡다

3-4.

로리얼 씨에게,

제가 글을 드리는 것은 **3** 귀하가 6월에 있을 저희 패션쇼에 귀하의 의류 제품군을 선보이는 것에 관심을 보이셨기 때문입니다. — [1] —. 저희는 귀하의 여름 상품이 완벽할 것이라고 생각합니다. — [2] —.

4 이번 행사의 모든 참가자는 애스토라 호텔에서의 3박 무료 숙박권을 받으실 겁니다. — [3] —. 귀하로부터의 답변을 기다리고 있겠습니다. — [4] —.

안녕히 계십시오.

새라 달튼
행사 기획자

어휘 express interest in ~에 관심을 보이다 present ~을 제시하다 feel ~을 생각하다 perfect 완벽한 participant 참가자 free stay 무료 숙박(권) look forward to ~하는 것을 기대하다 organizer 기획자

3. 로리얼 씨의 직업은 무엇인가?
(A) 패션 디자이너
(B) 잡지 기자
(C) 객원 연설자
(D) 호텔 매니저

정답 (A)

해설 로리얼 씨가 자신의 의류 신제품을 달튼 씨의 패션쇼에 선보이는 것에 관심을 보였다고 언급되어 있으므로 (A)가 정답이다.

어휘 magazine writer 잡지 기자 guest speaker 객원 연설자

4. [1], [2], [3], 그리고 [4]로 표시된 위치 중 다음 문장이 가장 잘 어울리는 곳은?

"귀하는 또한 다양한 선물들을 받으실 것입니다."

(A) [1]
(B) [2]

(C) [3]
(D) [4]

정답 (C)

해설 제시된 문장은 '다양한 선물도 받을 것'이라고 알리는 내용에 해당된다. 부사 also는 해당 문장 앞에 다른 것을 받는 상황을 전제로 하기 때문에 3박의 무료 호텔 숙박권을 받을 것이라는 내용의 문장 뒤인 [3]에 들어가는 것이 가장 자연스러우므로 (C)가 정답이다.

어휘 receive ~을 받다 various 다양한

시원스쿨 LAB